DE

L'orthographe du nom de la commune de Sainteaux [1]

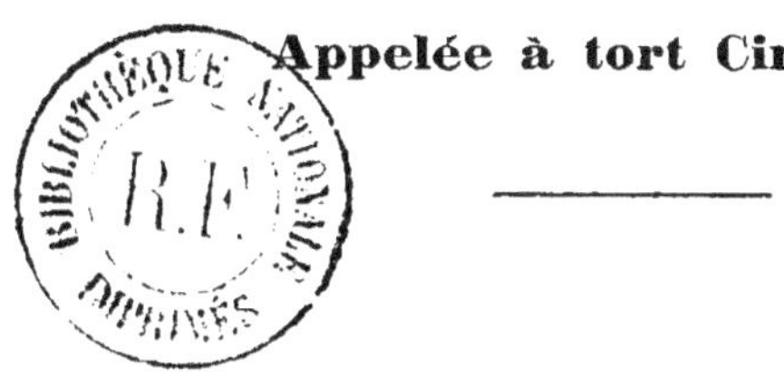

Appelée à tort Cintheaux.

Le Congrès des Sociétés savantes, tenu à Bordeaux en 1903, a émis le vœu « que l'ancienne orthographe des noms de lieux fût scrupuleusement conservée, ou *rétablie,* pour fonder sur des bases certaines les études de topographie et de toponymie qui sont de plus en plus répandues et savantes ».

Pour satisfaire, sans doute, à ces desiderata, le ministre de l'Intérieur a décidé que, lors du prochain dénombrement de la population, il sera procédé à une révision générale de l'orthographe des noms des communes (2).

(1) Département du Calvados; arrondissement de Falaise; canton de Bretteville-sur-Laize; diocèse de Bayeux; archidiaconé d'Hyesme; ancien doyenné de Vaucelles; ancienne sergenterie de Bretteville-sur-Laize; généralité de Caen.

(2) Lettre de M. le préfet du Calvados au maire de Cintheaux, en date du 29 août 1905.

De là, pour nous, le devoir d'apporter notre témoignage à cette enquête. Pour ceux qui seraient tentés de se plaindre de sa longueur, notre amour pour notre pays et pour la vérité historique sera notre excuse.

I

ÉPOQUES PRÉHISTORIQUES, ROMAINES ET DES INVASIONS BARBARES

L'on ne saurait exiger de nous que nous remontions à ces âges primitifs, bien que de nombreux débris des âges de pierre et de l'occupation romaine, recueillis sur notre territoire, y démontrent la présence de l'homme dès la plus haute antiquité.

De si petites localités que la nôtre n'ont pas d'histoire aussi ancienne; et il est probable que les invasions des Saxons et des Normands avaient complètement dévasté notre contrée. Un désert n'a pas de nom; ce ne serait pas sérieusement que l'on pourrait exiger de nous la découverte de celui qu'aurait porté notre village antérieurement aux documents écrits que nous possédons et dont aucun n'est plus ancien que le XIIe siècle. Ce qui est seulement vraisemblable, c'est que, si notre territoire avait un nom avant cette époque, c'était le même que nous trouvons dans les documents que nous allons énumérer.

II

ÉPOQUE ROMANE

Le nom de notre paroisse était alors *Sainteals,* que nos campagnards prononcent encore aujourd'hui *Saintias,* comme ils disent *vias* pour veaux, *bestias* pour bestiaux, etc.

Le trouvère normand Robert Wace, né vers 1125, inscrivait, parmi les compagnons de Guillaume le Conquérant,

> Cil de Goviz et de *Sainteals,*
> Du vieil Molay et de Monceals (1).

La liste des conquérants de Leland porte : le sire de *Santels* (2). C'est presque le latin *Santella* que nous verrons tout à l'heure. C'est aussi presque le même mot que Sainteals et Sainteaux.

Une charte romaine de l'abbaye de Villers-Canivet mentionne Raoul de *Sainteals* (3). Une autre de 1197 est signée de Hugues de Sanctelles (4).

(1) Wace : *Roman de Rou,* t. II.

(2) Collection *De rebus Britannicis,* édition Hearne, t. I, p. 202.

(3) *Mémoires de la Société des Antiquaires de Normandie,* t. VIII, p. 304.

(4) *Ibid.,* t. XIV, p. 382.

III

MOYEN AGE

Ce nom roman avait été traduit en latin avant Wace, si même le latin n'avait pas précédé le roman.

Ordéric Vital, moine de Saint-Évroult, né vers 1075, rapporte qu'en 1106, les fils du Conquérant, Henri Ier d'Angleterre et Robert Courte-Heuse, eurent une entrevue à *Sancella*, que M. Guizot, bien qu'il adopte l'orthographe dégénérée, n'hésite pas à traduire par Cintheaux (1). Notre paroisse, à mi-chemin de Caen, occupée par le roi, et de Falaise, occupée par le duc, était le lieu tout indiqué pour cette conférence.

Sancella est ainsi la plus ancienne version latine de Sainteals ; et nous allons voir ce nom écrit à l'ablatif pluriel *Sanctellis*. Donc *Sancella* était un nominatif pluriel, comme l'indiquaient les noms romans *Sainteals, Sanctelles ;* et c'est une grosse erreur qu'ont commise MM. de Caumont (2) et Lecointe, curé de Cormelles (3), en prenant ce vocable pour un féminin singulier qui n'apparaît nulle part.

(1) *Ordéric Vital,* traduction de Guizot, t. IV, p. 192.

(2) *Statistique monumentale du Calvados,* ch. « Cintheaux », t. II, p. 263.

(3) *Notice sur l'église de Cintheaux,* p. 25.

IV

CHARTES LATINES

Dans toutes les chartes latines sans exception, notre paroisse et notre église sont appelées *de Sanctellis* ou *Saintellis*. Citons seulement les plus importantes :

La principale est la charte de fondation de l'abbaye de Barbery par Roger Marmion, en 1181. Elle porte : *Dono ecclesiam de Saintellis cum omnibus pertinentiis suis* (1).

Ces termes sont répétés dans une charte de confirmation de la précédente donnée, par un autre Roger Marmion, aux moines de Barbery, en date de 1222, dont la Fabrique de Bretteville possède une très ancienne et précieuse copie (2).

En 1228, le cartulaire de l'abbaye de Fontenay nous apprend que Guillelmus de *Sanctellis* était abbé de Barbery. Une convention d'échange entre cet abbé et Robert, abbé de Fontenay, signée de cinq abbés et de nombreux témoins, mentionne parmi ces derniers Richard et Raoul de

(1) *Gallia christiana,* t. XI, p. 85. — L'original est aux Archives du Calvados.

(2) Léchaudé d'Anisy : *Antiquaires,* t. VII, p. 365. — Quand nous citons les résumés de M. Léchaudé, les lecteurs sont priés de se reporter aux chartes originales, ce savant, par une étrange aberration, ayant défiguré beaucoup de noms propres en adoptant les orthographes modernes.

Sanctellis, ce dernier, peut-être le même que Raoul de *Sainteals* que nous avons rencontré plus haut.

Vers 1356, le livre Pelut, registre officiel du diocèse de Bayeux, donne au nom latin de notre paroisse la consécration légale, en désignant notre église par ces termes : *Eclia de Saintellis* (1). C'est encore ainsi qu'elle est nommée dans l'Ordo du diocèse de Bayeux (2). N'est-il pas évident que si son nom s'était écrit *Cintheaux* à l'origine, il ne serait jamais venu à l'esprit de personne, surtout de l'évêché de Bayeux, de le traduire en *de Saintellis,* même encore aujourd'hui, après que l'orthographe primitive a été défigurée?

V

VIEUX FRANÇAIS

Dans le français du moyen âge, nous voyons apparaître le vocable *Sainteaux. Santella,* avec les *l* mouillées, a fait *Sainteya, Saintias* en patois, d'où *Sainteaux,* comme *bestias* a fait bestiaux, *agnelli, agnias,* agneaux (3).

Une famille, issue probablement du seigneur de la conquête, a porté le nom de *Sainteaux* pen-

(1) Voir dans Béziers : *Histoire de Bayeux*, p. 45.

(2) Année 1897, p. 71.

(3) Voir, pour *agnelli,* la bulle d'Innocent III pour l'Hôtel-Dieu de Caen dans l'abbé Delarue : *Essais historiques,* t. II, p. 442.

dant plusieurs siècles. Nous avons vu un abbé de Barbery de ce nom.

En 1255, Guillaume de Sainteaux, écuyer, était propriétaire à Villers-Canivet (1).

Jean de Sainteaux était chanoine du Saint-Sépulcre de Caen en 1295. Thomas de Sainteaux paraît en 1316; et Thomas de Sainteaux le Jeune, en 1324. L'un de ces Thomas avait un moulin à Montégu de Caen (2). En 1682, Germain de Sainteaux fut chargé de visiter notre église qui menaçait ruine (3).

La persistance de l'orthographe du nom de cette famille pendant près de cinq siècles ne démontre-t-elle pas jusqu'à l'évidence que c'était l'orthographe originelle du nom de son fief?

Dans le cartulaire de la Seigneurie de Fontenay-le-Marmion, publié par M. Saige, archiviste de Monaco, correspondant de l'Institut de France, nous trouvons, en 1327, lettre de Robert Vastel, de *Sainteaux,* et, en 1333, dans une lettre de Lorimier, nous lisons Saint-Teaux. Ces actes sont authentiqués par le garde du scel des obligations de Caen. Nous trouvons aux archives du Calvados (fonds Barbery) « un brief mémoire des héritages fieffés par les religieux à Philippe Vérel de *Sainteaux,* le XX6 juillet 1452 ».

(1) Chartrier de l'abbaye de Villers-Canivet.

(2) Léchaudé : *Antiquaires,* t. VII, pp. 176 et 177. — Delarue : *Essais,* I, pp. 274 et 285.

(3) Abbé Lecointe : *L'Église de Cintheaux,* p. 38.

En 1332, des actes du vicomte de Falaize obligent Richard de Thollevast à renoncer au patronage de l'église de *Sainteaux* (1).

Un procès-verbal du bailli de Caen en 1371, pendant la guerre de Trente ans, constate qu'il visita l'église de *Saintiaux* et la trouva en bon état de défense, « empairée et enforchiée (2) ».

Dans les recherches de noblesse de Montfaut, en 1463, on lit *Sainteaux* aux articles Guillaume Thibout, Jean de Villy et Thomin Le Cloutier.

Un acte de 1521, reçu par les tabellions de Saint-Sylvain et conservé aux archives de notre paroisse, cité par son ancien curé, l'abbé Lecointe, écrit *Saincteaulx* (3).

M. de Bras, dans ses *Origines de Caen,* rapporte qu'en 1532 le roi François Ier et le Dauphin, son fils, dînèrent à *Sinteaux*.

VI

TEMPS MODERNES

A. — *Actes authentiques.*

L'auteur de ces lignes peut, sans sortir de chez lui, suivre pendant de longues années dans des

(1) Léchaudé : *Antiquaires,* p. 365.

(2) *Antiquaires,* t. XI, p. 192.

(3) *Notice sur l'église de Cintheaux,* p. 25.

actes authentiques, émanés de fonctionnaires de tout ordre, l'orthographe du nom de sa commune. Il en possède un grand nombre, tant dans ses titres de propriété que dans les archives d'une très ancienne famille des carriers de Cuilly, les Bellenger, fixés d'abord à Gomesnil, au quartier de Trois-Mares, près de la chapelle, puis à Sainteaux, au quartier de Cuilly, par suite d'échanges avec les seigneurs de Cuilly et de Gomesnil. Parmi ces actes, dans deux titres de 1576, le garde du scel des obligations de Saint-Sylvain et Le Thuit écrit . . . . *Saincteaux;*

En 1605, les notaires de Caen. . *id.*

En 1610, le garde du scel de Bretteville-sur-Laize . . . . . *Sainteaux;*

Et celui de Caen . . . . *Saincteaux;*

En 1622, celui de Saint-Sylvain. *Saincteaux;*

En 1635, 1658, 1659, 1663, 1666 et 1672, les tabellions de Bretteville (1). . . . . *Sainteaux* et *Saint-Eaux;*

En 1639, le garde du scel de Saint-Sylvain. . . . . *Sainteaux;*

En 1640, ceux de Thury et de Fallaize . . . . *Saincteaux;*

En 1643, celui de Bretteville . . *id.*

En 1649 et 1650, celui de Fallaize . *Saincteaux, Saincteaulx* et *Saint-Eaux;*

En 1656, celui de Saint-Sylvain. *Sainct-Eaux;*

(1) Renseignement dû aux obligeantes recherches de l'honorable M. Foigne, notaire actuel de Bretteville-sur-Laize.

En 1657 et 1660, le même. . . *Sainteaux ;*

En 1660, 1665, 1667, ceux de Saint-Aignan-de-Cramesnil, de Saint-Sylvain, et les tabellions de Fallaize. *Saincteaux ;*

En 1670 et 1672, les gardes du scel de Saint-Sylvain et de Thuit. . *Saint-Eaux ;*

En 1679, les tabellions de Saint-Sylvain. . . . . *Sainteaux ;*

En 1680 et 1686, le garde du scel de Saint-Sylvain . . *Sainteaux, Saint-Eaux ;* et *Saincteaux ;*

En 1689 et 1692, celui de Fallaize. . . . . *Sainteaux ;*

En 1700, le notaire de Clinchamps. *id.*

A partir de cette date, le nom s'est défiguré sous une influence que nous allons expliquer bientôt.

En 1700, les notaires de Caen écrivent . . . . *Cinteaux ;*

En 1701, ceux de Paris, encore . *Saint-Eaux ;*

En 1702, un notaire de Saint-Sylvain. . . . . *Cynteaux ;*

En 1703 et 1704, un notaire de Caen et celui de Saint-Aignan . . *Cinteaux ;*

Mais, en 1711, ce dernier revient à. . . . . *Saint-Eaux ;*

En 1743, deux notables habitants de notre paroisse, Bellenger et Faucon, ce dernier, bourgeois de Caen, juge consul et officier en l'Université, écrivent encore . . . . . *Sainteaux.*

B. — *Actes judiciaires et administratifs.*

Nous relevons les mentions suivantes sur nos registres de catholicité qui, à partir de la fin du XVIIe siècle, étaient visés par des fonctionnaires dont la qualité a varié, mais n'en a pas moins donné le caractère officiel à l'orthographe qu'ils employaient.

En 1688 et 1689, le juge Fouasse, de Fallaize, écrit . . . . *Sainteaux;*

En 1690 et 1691, le même écrit . *Saint-Eaux* et *Sainteaux;*

En 1692, 1693, 1694, le commis à l'exercice des charges de conservateur des registres des paroisses de la généralité de Caen (1) écrit . . *Saint-Eaux;*

En 1695, 1696, 1697, le receveur général à Caen . . . . *id.*

En 1698 et 1700, le lieutenant général de Bayeux . . . . . . *Cinteaux;*

En 1710, il revient à . . . . *Saint-Eaux;*

De 1715 à 1778, les visas portent. *Cinteaux.*

Et ce n'est qu'à partir de 1778 que nous voyons s'établir l'orthographe tout à fait fantaisiste, avec une *h* que rien n'explique, que rien n'autorise.

Notre enquête, fastidieuse peut-être, mais cer-

(1) Respirons !

tainement instructive, est confirmée d'une manière définitive par un rapport de M. Bénet, le savant archiviste du Calvados, à M. le Préfet de ce département, en date de 1897, où nous lisons ce qui suit : « *Il est exact que, notamment dans les nombreuses pièces de l'abbaye de Barbery, la forme du nom est en latin Sanctellis ou Santellis (de), et en français, Sainteaux, Sainteaulx, Saincteaux, Sainteau, Sainct-Eaulx, Saint-Eaux, Steaux* » ; et plus loin : « *Le changement de la forme Sainteaux en Cintheaux ne fut générale qu'au XVIII*e *siècle.* » Nous venons de voir qu'au XVIIIe siècle, cette forme ne fut générale que vers 1778. Dans tous les cas, le fait du changement est établi définitivement par M. l'archiviste, dont cette constatation nous est particulièrement précieuse à retenir.

Après une déposition aussi autorisée, la cause est entendue ; et nous pouvons dire, comme dans l'Évangile : *Quid adhuc egemus testibus?*

C. — *Actes royaux.*

Et cependant nous avons mieux encore, l'autorité suprême, des actes émanés de la puissance souveraine, de véritables lois, devant lesquelles tous les savants, « locaux » ou autres, doivent également s'incliner. *Rex locutus est ; causa finita est.*

Ces actes décisifs sont les suivants ;

1° Des lettres patentes du roi Louis XIV, en

date de 1646, enregistrées au Parlement de Rouen, le 7 février 1647 (1), obtenues par le seigneur Salet, Alexandre, conseiller au dit Parlement, seigneur de *Cuilly* et *Sainteaux* (2), autorisant la réunion de terres du fief d'Urville, sises dans la paroisse de Bretteville-sur-Laize, à celles de *Cuilly* et *Sainteaux,* appartenant au dit seigneur Salet (3). — Dans cet acte, le nom de notre paroisse est écrit indifféremment *Sainteaux* et *Saincteaux.* Dans le contrat d'échange, reçu en exécution de ces lettres patentes par les tabellions de Placy, le 22 septembre 1646, ce nom est écrit *Sainteaux.*

2° D'autres lettres patentes du même roi, en date d'octobre 1660, enregistrées à la Chambre des comptes de Rouen, le 23 juin 1662 (4), autorisent l'échange du fief de La Fresnaye, de *Sainteaux,* contre celui de Robertmesnil, de la même paroisse, entre les seigneurs Charles Le Sueur, de Robertmesnil, et Alexandre Salet, seigneur de *Sainteaux.* Dans ces lettres, comme dans les précédentes, le nom de la paroisse est écrit indifféremment *Sainteaux* et *Saincteaux.*

Donc, pour refuser à cette ancienne orthographe

(1) Archives de la Seine-Inférieure, B, 66, f° 8, verso et recto.

(2) Notons en passant que ces lettres consacrent également l'ancienne orthographe Cuilly (et non Quilly), conforme à la prononciation populaire.

(3) Ce seigneur devait savoir apparemment la véritable orthographe du nom de ses fiefs.

(4) Archives de la Seine-Inférieure, B, 80, f° 103, verso.

le caractère légal, il faudrait le refuser aux actes du roi lui-même. C'est ce que n'ont pas fait les historiens et géographes les plus autorisés, Masseville, Dumoulin, Saugrain et Trigan, qui ont suivi l'orthographe royale, *Sainteaux,* ou, par abréviation, St-Eaux. Citons seulement Trigan, qui, dans son *Histoire ecclésiastique de la province de Normandie,* écrivait, en 1760, à propos de l'entrevue des fils du Conquérant dont il a été parlé ci-dessus : « Dans la semaine de la Pentecôte, le roi et le duc s'abouchèrent à *Sainteaux.* »

En résumé, il est certain que le nom légal de notre paroisse était, jusqu'à la fin du XVIIIe siècle, *Sainteaux,* et, plus anciennement, *Sainc-teaux,* comme on avait dit en latin, *Santella* et *Sanctella.*

Or, d'après une doctrine et une jurisprudence constantes, les noms des communes, comme ceux des particuliers, sont des propriétés inaliénables, imprescriptibles, qui ne peuvent être modifiées qu'avec l'autorisation du Gouvernement (1). Si donc nous démontrons, comme nous allons le faire, que le nom de *Sainteaux* a été modifié tout à fait illégalement, par des personnes sans autorité, il sera définitivement établi que cette forme primitive, consacrée par six siècles, autant que par l'autorité royale, est la seule légale.

(1) V. Dalloz, anc. rép., V°, n°s 23, 60, et Conseil d'État, 26 déc. 1820.

VII

GENÈSE DE L'ALTÉRATION DU NOM DE SAINTEAUX

Comment *Sainteaux* a-t-il été déformé en *Cintheaux ?*

C'est ce que nous apprennent nos registres de catholicité, d'assemblées de la paroisse « en forme et état de commun » et de publication des contrats, tenus par nos curés.

Il semble que le nom de *Sainteaux,* trop souvent abrégé en Saint-Eaux, ait sonné mal aux oreilles de ces anciens prêtres. Ils ne connaissaient nul saint de ce nom-là.

La ressemblance de sa finale avec aulx, pluriel d'ail, prêtait à la plaisanterie. Si on l'interprétait par *saintes eaux,* c'était une ironie, s'agissant d'un plateau aride. Pour ces ignorants du passé de leur paroisse, ce vocable *Sainteaux* était dépourvu de sens. De là, à le défigurer en un siècle où c'était la mode de travestir les noms propres, il n'y avait qu'un pas.

Le premier qui le franchit, fut l'abbé Estienne Varin, curé de Sainteaux de 1610 à 1629, le plus ancien dont les registres nous aient été conservés.

Il avait commencé pendant dix ans à suivre l'orthographe, constamment admise jusqu'à lui. Nous avons relevé dans ses divers registres 235 fois *Sainteaux,* 5 fois Saint-Eaux. Il écrit une fois *Cainteaux,* sans doute pour faire disparaître le saint qui lui déplaisait. Mais, s'apercevant que le *C* est incompatible avec la prononciation commune, il abandonne cet essai informe et, à partir de 1620, il imagine d'écrire *Cintheaux,* abominable barbarisme dont il paraît bien l'inventeur, car il n'apparaît nulle part avant lui ; et il a fallu presque deux siècles pour le faire prévaloir.

Son acte d'inhumation donna un démenti à ce pauvre prêtre en le qualifiant de curé de *Sainteaux* en présence d'un nombreux clergé.

Son vicaire, Gilles Brunet, en 1629, écrit *Saincteaux* et *Sainteaux,* selon l'ancienne coutume.

Le curé Pierre Le Sueur (1630-1645) écrit Cyntheaux, mais sept fois *Saint-Eaux.*

Le curé Daumesnil, d'une vieille famille locale, écrit *Saint-Eaux* en 1645.

Le curé Thouyon (1647-1676) écrit d'abord *Sainteaux,* puis revient à la forme *Cyntheaux.* Toutefois, son acte d'inhumation, rédigé en présence de l'abbé de Barbery et d'un nombreux clergé, porte *Sainteaux.*

Son successeur, le curé Jacques Le Gueydois (1678-1684), écrit constamment *Sainteaux.*

En 1684, le vicaire de Boisard écrit Cainteaux et Cynteaux.

Le curé Lelou (1687-1693) écrit *Sainteaux, Cinteaux, Cinsteaux,* comme on écrivait Cisteaux pour l'ordre des Bénédictins de Barbery.

Le curé Flambard (1693-1730) écrit habituellement Cinteaux, mais aussi parfois *Saincteaux,* Cyntheaux et Cintheaux.

Ses successeurs jusqu'en 1792 écrivent tantôt Cyntheaux et tantôt Cintheaux.

Enfin, le P. de Bocquencey, moine de Barbery, qui fut un moment curé constitutionnel et premier maire de Cintheaux, écrivait *Cinteaux,* probablement comme ses anciens confrères de Barbery.

En résumé, nos curés n'avaient réussi qu'à mettre l'anarchie dans l'orthographe du nom de leur paroisse. Chacun avait la sienne et même en avait plusieurs, si bien que, pour eux, l'on peut dire que le nom de notre localité n'avait pas d'orthographe et qu'ils n'ont pas même établi la nouvelle forme par une possession constante, sinon à partir de la Révolution. Ils sont d'autant plus impardonnables qu'ils avaient pour devoir professionnel de suivre l'orthographe du livre Pelut et de l'*Ordo* de Bayeux qui devaient faire la loi du diocèse, et des actes de l'abbaye de Barbery, dont les moines étaient gros décimateurs et patrons de leur paroisse, leurs supérieurs, alors qu'ils n'étaient qu'à la portion congrue.

Quelqu'un a prétendu qu'ils avaient peut-être découvert un document nouveau les autorisant à abandonner l'ancienne orthographe. Il faudrait le prouver. Si cela était, ils nous en auraient laissé quelques traces ; et ce qui est décisif, ils n'auraient donné qu'une forme unique, celle du nom découvert par eux et n'auraient point, comme ils l'ont fait, adopté tant de formes diverses, dont la multiplicité suffit à démontrer qu'ils ne savaient pas eux-mêmes à quoi s'en tenir.

N'est-il pas étrange que le désaccord persistant de ces pauvres curés d'un pauvre village ait réussi à défigurer une forme, ancienne de longs siècles, consacrée par toutes les autorités publiques, les historiens géographes et le roi lui-même? Il serait plus étrange encore de voir maintenir envers et contre tous une forme fantaisiste, relativement récente, dont l'inexactitude est si manifestement démontrée.

M. l'archiviste du Calvados a constaté lui-même qu'un changement avait eu lieu seulement au XVIIIe siècle (1). Ce changement n'a été spécialement autorisé par aucun acte gouvernemental. Bien au contraire, il a eu lieu en dépit de tous les précédents officiels. Donc, la forme ancienne, *Sainteaux,* est la seule légale et doit être rétablie.

VIII

ÉTYMOLOGIE

Nous avons la répugnance la plus profonde à introduire dans le débat la question étymologique.

(1) Voir aussi abbé Lecointe : *Loc. cit.,* p. 25. — Encore n'a-t-il jamais été complet, puisque l'ancienne forme latine a été conservée jusqu'à nos jours par l'évêché de Bayeux.

Ce serait y appeler les étymologistes dont la prétendue science ne repose la plupart du temps que sur les hypothèses les plus invraisemblables. Nous les récusons ici de la manière la plus absolue. Il ne s'agit pas d'une question de leur compétence, mais d'une question de pur droit, d'une simple constatation de fait. Peu importe au Gouvernement qui recherche la véritable orthographe des noms de lieux, d'en connaître l'étymologie. C'est une question réservée, secondaire, qui n'intéresse qu'indirectement le droit de propriété de notre commune à son ancien nom.

Cependant, dans l'espèce, il ne nous est pas possible de passer sous silence un détail de l'histoire de Sainteaux dont l'importance paraît avoir échappé à ses anciens curés.

Leur forme *Cintheaux*, d'invention récente, purement arbitraire, sans autre base que leur caprice, n'est susceptible d'aucune interprétation, d'aucun rapprochement plausible avec d'anciens noms de lieux. Elle ne signifie rien.

Il en est tout autrement des formes anciennes, *Sanctella, de Sanctellis, Saincteaux, Sainteaux.*

Sanctella voulait dire *lieux saints, choses saintes, chapelles* et même *reliques* (1). Or, nous avons exposé ailleurs (2), trop longuement pour

(1) Voir Ducange ; — Longnon : *Géographie de la Gaule au VIe siècle*, p. 22 ; — P. Lubin : *Le Mercure géographique*, pp. 175, 176 et 190.

(2) *Saint-Évremond*, pp. 18 et suiv. — Voir aussi Galeron : *Statistique de l'arrondissement de Falaise*, ch. « Cintheaux ».

y revenir ici, qu'il existait sur notre territoire de nombreuses chapelles dès les temps les plus anciens. *Sanctella, Sainteaux,* semble bien n'être pas autre chose que le lieu des chapelles, des lieux saints, comme la paroisse voisine, *Quinque altaria,* Cinq-Autels.

CONCLUSION

C'est par ces motifs que le Conseil municipal de Sainteaux, par sa délibération en date du 8 novembre 1903, a demandé que l'ancienne et seule légale orthographe du nom de sa commune fût rétablie dans les actes officiels; que M. le Préfet du Calvados, dans son rapport au Conseil général pour la session d'août 1904 (1), concluait à l'adoption de cette demande. L'affaire n'a pas eu de suite, la circulaire ministérielle précitée en ayant dessaisi le Conseil général. Mais l'erreur commise au préjudice de la commune est certaine. Il n'y a plus qu'à la réparer.

Quelle que soit la décision à intervenir, la présente brochure conservera pour tout lecteur de bonne foi le droit et la vérité.

(1) Page 265.

La Chapelle-Montligeon (Orne). — Imp. de Montligeon.

www.ingramcontent.com/pod-product-compliance
Lightning Source LLC
LaVergne TN
LVHW050229180726
843501LV00013BA/3354

* 9 7 8 2 3 2 9 6 4 2 0 4 8 *